So geht es:

 Schreibe.

 Schlage nach.

 Lies.

 Sortiere.

 Kreuze an.

 Markiere.

 Verbinde.

 Male an.

Hallo, ich bin

_____.

In diesem Heft übst du Texte schreiben.

Beschreiben

 1 Welche Beschreibung passt zu welchem Bild? Verbinde.

Ein Teekesselchen ist ein Wort mit zwei Bedeutungen.

Mein Teekesselchen ist lebendig.

Mein Teekesselchen ist aus Plastik.

Mein Teekesselchen gehört zum PC.

Mein Teekesselchen ist klein.

Mein Teekesselchen ist ein Tier.

Mit meinem Teekesselchen klickt man was an.

Wie heißt das Teekesselchen? _____

2

Beschreiben

1 Welche Beschreibung passt zu welchem Bild? Verbinde.

Mein Teekesselchen ist auf dem Boden.

Mein Teekesselchen kauft man in der Apotheke.

Mein Teekesselchen ist aus Stein.

Mein Teekesselchen ist aus Kunststoff.

Mein Teekesselchen braucht man bei Verletzungen.

Mein Teekesselchen muss ein Fachmann verlegen.

Wie heißt das Teekesselchen? _____

1 Schreibe passende Teekesselchen-Sätze. Verbinde.

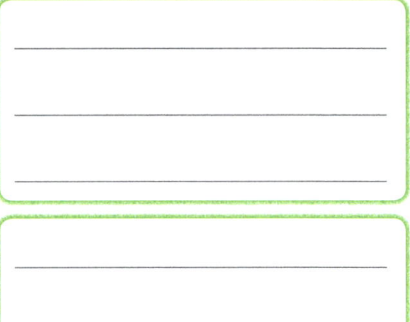

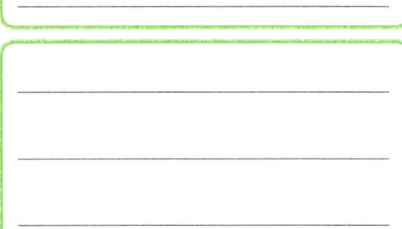

Wie heißt das Teekesselchen? _____

Beschreiben

1 Wähle ein Wort und beschreibe ein eigenes Teekesselchen. Verbinde.

Ball, Bank, Tafel, Mutter, Krone, Strauß

Beschreibe

1 Verbinde die Aussagen mit dem passenden Sinnessymbol.

Wir haben viele Sinne. Jeder Sinn nimmt andere Eindrücke wahr.

Wir können etwas hören.

Wir können etwas sehen.

Wir können etwas schmecken.

Wir können etwas riechen.

Wir können etwas an Händen, Füßen, Haut spüren.

Wir können etwas im Herzen fühlen.

Wir können etwas denken.

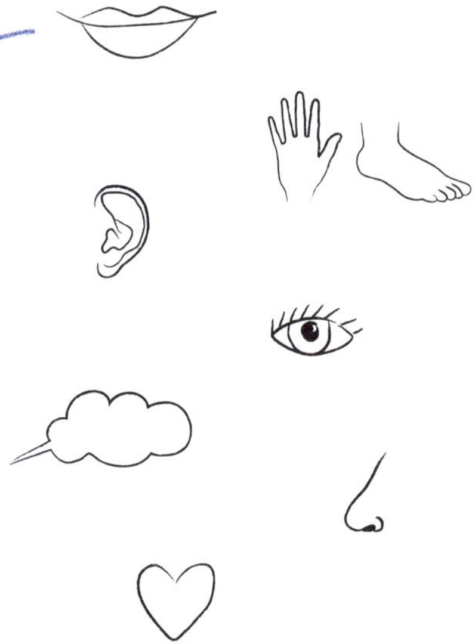

Beschreibe

1 Welcher Sinn nimmt das Beschriebene wahr? Zeichne die Symbole ein.

Das Feuer knistert leise.

Ich denke an das Lagerfeuer im Urlaub.

Es duftet nach Tannenzapfen.

Die Flammen züngeln rot und orange.

Ich spüre die wohlige Wärme.

Das Stockbrot ist lecker.

Ich fühle mich geborgen und glücklich.

Beschreiben

 Lies die Beschreibung.

Mein Lieblingsplatz

Meine Oma hat hinter dem Haus einen wunderschönen, großen Garten. Es gibt eine große Wiese, auf der ich Ball spiele, Rad schlage und im Sommer ein Schwimmbecken aufstelle. Das Gras kitzelt unter meinen nackten Füßen. Rund um die Wiese blühen unzählige Blumen und Sträucher mit schönen Namen wie Margeritte, Geranie, Hortensie oder Hibiskus. Sie blühen in allen erdenklichen Farben. Bunte Schmetterlinge flattern von Blüte zu Blüte. Bienen und Hummeln summen auf der Suche nach Nektar und Pollen. Am unteren Ast des großen Kirschbaums hängt meine Schaukel. Wenn ich ganz hoch schaukele, fühle ich mich, als könnte ich fliegen. Unter dem Kirschbaum riecht es in jeder Jahreszeit anders. Hinter einem kleinen Zaun hat Oma Erdbeeren, Himbeeren und Johannisbeeren. Im Sommer riecht der Garten besonders gut. Ich darf die süßen Beeren direkt vom Strauch naschen. Das schmeckt herrlich. Ich denke, Omas Garten ist mein Lieblingsplatz.

Beschreiben

1 In der Beschreibung von Seite 8 gibt es Sätze zu allen Sinnen.
Untersuche die Beschreibung.

Markiere alles, ...

... was man hören kann, blau.

... was man riechen kann, rot.

... was man schmecken kann, grün.

... was man sehen kann, orange.

... was man auf der Haut fühlen kann, gelb.

... was man im Herzen fühlen kann, lila.

... was man denken kann, braun.

Beschreiben

1 Finde deinen Lieblingsplatz. Kreuze an oder schreibe auf.

○ mein Zimmer   ○ mein Baumhaus   ○ mein Garten

○ ein Spielplatz   ○ ein Versteck   ○ ein Haus

○ ein Klettergerüst   ○ eine Wiese   ○ eine Hütte

 _____

 _____

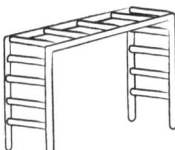  

Beschreiben

1 Plane die Beschreibung deines Lieblingsplatzes.
Schreibe Sätze zu deinen Sinneseindrücken.

Mein Lieblingsplatz ist _____

Was hörst du da? _____

_____

Was riechst du da? _____

_____

Was schmeckst du da? _____

_____

1 Plane die Beschreibung deines Lieblingsplatzes.
Schreibe Sätze zu deinen Sinneseindrücken.

Was siehst du da? _____

_____

Was fühlst du da? _____

_____

Wie fühlst du dich da? _____

_____

Was denkst du da? _____

_____

Beschreiben

1 Beschreibe deinen Lieblingsplatz. Nutze die Sätze deiner Planung von S. 11 und 12.

_____

_____

_____

_____

_____

_____

_____

_____

_____

_____

_____

© Westermann Gruppe

1 Lies die Wörter. Wie sind sie dargestellt? Verbinde mit der passenden Aussage.

 ◯ Darstellung durch die Anordnung der Buchstaben

 ◯ Darstellung durch die Art der Schrift

KNOPF ◯ Darstellung durch die Verwendung von Bildern

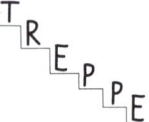 ◯ Darstellung durch die Verwendung von Bildern

 ◯ Darstellung durch die Art der Schrift

Mit Sprache spielen

1 Gestalte diese Wörter mit Schrift, Farbe oder Bildern wie auf S. 14.

Regen   Fahne   Wald   Wolke   fliegen   Sommer   bunt

Mit Sprache spielen

1 Markiere alle gleichen Wörter jeweils in einer Farbe.

Wolke Wolke Wolke
Wolke Wolke Wolke
Wolke

Busch Busch
Nest Busch
Busch Busch Busch
Busch Vogel Busch
Busch Busch

Dach Dach Dach Dach
Dach Dach Dach
Dach Dach Dach Dach
Dach Dach Dach Dach Dach
Haus Haus Haus Haus Haus
Haus Fenster Haus Haus Haus
Haus Haus Haus Tür Haus
Haus Haus Haus Tür Haus

Wiese Wiese
Wiese Wiese Wiese
Wiese Wiese Wiese Wiese Wiese
Wiese Wiese Wiese
Wiese Wiese Weg Wiese
Wiese Wiese Wiese Wiese
Wiese Wiese Wiese Wiese Weg Wiese
Wiese Wiese Stein Wiese Blume
Wiese Wiese Weg Wiese Wiese
Blume Wiese Weg Wiese
Wiese Wiese Wiese Wiese Weg Wiese
Wiese Wiese Wiese Wiese Weg Frosch Wiese
Wiese Wiese Wiese Wiese Weg Wiese

© Westermann Gruppe

Mit Sprache spielen

1 Gestalte ein eigenes Bild mit Schrift.

1 Lies das Haiku.

Grauer Regentag

Tropfen, Pfützen, Regenschirm

ich spritze dich nass

Das Haiku ist ein japanisches Silbengedicht. Es reimt sich nicht. Oft beschreibt es die Jahreszeiten in der Natur.

Zeichne Silbenbögen in den Text ein. Zähle die Silben.

1. Zeile: _____ Silben

2. Zeile: _____ Silben

3. Zeile: _____ Silben

1 Sortiere nach Jahreszeiten. Markiere farbig.

Frühling   Sommer

grün   erste Blumen   Sonnenschein   Tiere bekommen Junge

Hitze   bunte Blumenwiese   Vogelgezwitscher   Vögel bauen Nester

Ostern   Sommerferien   Bäume haben Blätter   Tulpen   Kirschen

Gewitter   Schnee schmilzt   Bäume bekommen Blätter   kühl

hell   bunt   Blüten an Sträuchern   Wärme

Freibad   Schneeglöckchen   Eis essen

1 Sortiere die Wörter nach Jahreszeiten. Markiere farbig.

Herbst   Winter

bunte Blätter   Früchte   Schnee   Kälte   Regen   Glatteis

Hagel   kahle Bäume   Erntezeit   Drachen steigen lassen

Beeren   Kastanienmännchen   Weihnachten   Schneemann

Eiszapfen   See ist zugefroren   Winterschlaf   weiß

stürmisch   Kürbis   Eichhörnchen sammelt Vorrat   Vogelfutter

Jahresende   Adventskranz

Mit Sprache spielen

1 Ergänze das Haiku mit eigenen Wörtern. Nutze Wörter von S. 19 und 20.

1. Das Leben erwacht (5 Silben)

2. _____ (7 Silben)

3. nun ist es Frühling (5 Silben)

1. Sommersonnenschein (5 Silben)

2. die bunte Blumenwiese (7 Silben)

3. _____ (5 Silben)

Mit Sprache spielen

1 Ergänze das Haiku mit eigenen Wörtern. Nutze Wörter von S. 19 und 20.

1. Falle, falle ab   (5 Silben)

2. _____ (7 Silben)

3. buntes Ahornblatt   (5 Silben)

1. _____ (5 Silben)

2. Eis auf dem Badeweiher   (7 Silben)

3. _____ (5 Silben)

Mit Sprache spielen

1 Schreibe ein eigenes Haiku. Vielleicht beschreibst du eine Tierbeobachtung in der Natur? Male dazu.

1. _____ (5 Silben)

2. _____ (7 Silben)

3. _____ (5 Silben)

© Westermann Gruppe

 Lies den Bericht. Markiere die Antworten auf die Fragen
in unterschiedlichen Farben.

Am Wochenende feierten wir mit unserer Klasse ein Klassenfest. Dazu trafen sich alle Eltern und Kinder am Grillplatz. Jeder brachte etwas mit. Meine Mutter backte Kuchen und kaufte Würstchen. Andere Eltern brachten Brot und Salate mit. Während unsere Eltern den Grill einrichteten, führten wir Kinder mit unserer Lehrerin eine Schatzsuche durch. Zuerst verloren wir die Spur mehrmals, aber dann fanden wir unter einem Hochsitz eine Schatzkiste voller Süßigkeiten. Wir schleppten unsere Beute zum Grillplatz. Dort war das Essen inzwischen fertig. Es schmeckte herrlich. Zum Nachtisch futterten wir Süßigkeiten aus der Schatzkiste. Frau Mitter packte die Gitarre aus und gemeinsam mit den Eltern sangen wir Lagerfeuerlieder. Wir waren erstaunt, dass unsere Eltern die Lieder auch alle mitsingen konnten. Als es dunkel wurde, wanderten wir mit Fackeln zurück. Alle fanden das Klassenfest so gelungen, dass wir es im nächsten Jahr wiederholen wollen.

Wer?

Was?

Wann?

Wo?

Wie?

Welche
Folgen
gab es?

© Westermann Gruppe

1 Plane einen Bericht. Schreibe Stichwörter.

Worüber willst du berichten? _____

_____

Wer war dabei? _____

Wo fand es statt? _____

Was passierte? _____

_____

Wann fand es statt? _____

Wie lief es ab? _____

Welche Folgen gab es? _____

_____

1 Schreibe einen Bericht. Nutze deine Planung von S. 25.

_____

_____

_____

_____

_____

_____

_____

_____

_____

_____

1 Schreibe die Verbformen im Präteritum auf.

> Du kannst ein Wörterbuch zum Nachschlagen nutzen.

Ich gehe – **ich ging**   ich laufe – ich _____

du gehst – du _____   du läufst – du _____

er geht – _____   er läuft – _____

sie geht – _____   sie läuft – _____

es geht – _____   es läuft – _____

wir gehen – _____   wir laufen – _____

ihr geht – _____   ihr lauft – _____

sie gehen – _____   sie laufen – _____

1 Sammele Verben im Präteritum in der ich-Form. Schreibe sie auf.

ich malte	ich holte	ich gab	ich lag
_____	_____	_____	_____
_____	_____	_____	_____
_____	_____	_____	_____
_____	_____	_____	_____

1 Markiere die Verben in Ninas Bericht.

> Manche Verben bestehen aus zwei Teilen.

Die Radfahrprüfung

Alle Viertklässler unserer Schule <u>nehmen</u> an der Radfahrausbildung <u>teil</u>. Mit einem Polizisten üben wir die Radfahrstrecke rund um unsere Schule. Dafür ziehen wir leuchtend orangefarbene Sicherheitswesten an. Nach mehreren Fahrten und vielen Übungen auf dem Schulhof, findet zum Schluss die Radfahrprüfung statt. Wir starten nacheinander und fahren die Prüfungsstrecke ab. Jeder trägt dann eine Nummer auf seiner Weste. An zehn Posten stehen Eltern und notieren, was wir richtig und was wir falsch machen. Gemeinsam mit der Polizei werten die Eltern die Notizen aus.
In dieser Zeit sitzen wir schon wieder in unseren Klassen und arbeiten.
Aber eigentlich können wir uns gar nicht konzentrieren, weil wir so aufgeregt sind.
Jedes Kind will unbedingt wissen, ob es die praktische Prüfung bestanden hat.
Schließlich ist es soweit. Der Polizist ruft alle auf, die bestanden haben.
Dieses Jahr fällt keiner in der Schule durch. Das ist ein Grund zum Feiern.
Frau Berger gibt uns darum keine Hausaufgaben auf.

2 In welcher Zeitform hat Nina den Bericht geschrieben? Präsens ☐ Präteritum ☐

Informieren/Benachrichtigen

1 Überarbeite Ninas Bericht von S. 30. Schreibe ihn im Präteritum auf. Nutze auch S. 32.

_____

_____

_____

_____

_____

_____

_____

_____

_____

_____

1 Formuliere als Klassensprecher/in eine kurze E-Mail an den Polizisten, der die Radfahrprüfung betreut hat und bedanke dich im Namen der Klasse.

Betreff: _____

Lieber Herr _____

_____

_____

_____

_____

_____

_____

1 Untersuche diese Geschichte. Welche Sinneseindrücke werden beschrieben? Male das passende Symbol zu den Sätzen.

Joris und Henry gehen zusammen zum Fußballtraining. Sie gehen zu Fuß und sprechen über das letzte Training. Plötzlich bleibt Henry stehen und sagt erschreckt:

„O, nein, ich habe meine Fußballschuhe nicht eingepackt."

Joris sagt: „Wenn du ohne Schuhe kommst, darfst du nicht mitmachen."

Henry fühlt sich schlecht.

Er hat Angst, dass sein Trainer ihn ausschimpft.

„Warte hier", ruft er Joris zu und flitzt los.

Henry läuft so schnell wie noch nie.

© Westermann Gruppe

Erzählen

Sein Herz klopft wild, als er zu Hause ankommt.

Er greift sich die Schuhe und rennt schon wieder los.

Die Frage seiner Mutter hört er gar nicht.

Joris sieht Henry schon von Weitem.

Als Henry ankommt, ist er total außer Atem.

Sein Mund ist ganz trocken.

Joris reicht ihm die Trinkflasche und sagt:

„Wenn du beim nächsten Spiel so schnell läufst, hängst du jeden Gegner ab."

Henry klopft Joris erleichtert auf die Schulter.

Sie schaffen es noch pünktlich zum Training.

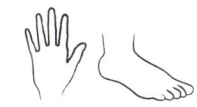

Erzählen

1 Ordne die Aussagen zum Thema „Angst" den richtigen Sinneseindrücken zu.
Male die einzelnen Sinneseindrücke jeweils in der gleichen Farbe an.

Herzklopfen haben   feuchte Hände bekommen   die Luft anhalten

wackelige Knie haben   einen schalen Geschmack im Mund haben

etwas Merkwürdiges hören   einen Schatten sehen   zittern wie Espenlaub

in Ohnmacht fallen   ein Geräusch wahrnehmen   in die Dunkelheit horchen

die Hände vor die Augen halten   die Ohren zuhalten

die Augen fest zukneifen   etwas Unangenehmes riechen

1 Lies Öznurs kurze Geschichte zu den Bildern.

Ich war einen Abend alleine zu Hause und durfte fernsehen.
Ich wusste nicht, was ich tun sollte.
Es war nur meine Katze. Sie hatte in der Küche etwas umgeworfen.

1 Erweitere Öznurs Geschichte mit Sätzen zu den Sinnen so, dass man merkt, wie sehr sie sich fürchtet. Nutze S. 36.

Ich war einen Abend alleine zu Hause und durfte fernsehen.

Plötzlich _____ .

Vor Schreck _____ .

_____ .

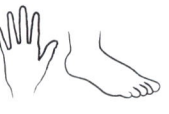

Ich wusste nicht, was ich tun sollte. Vor lauter Angst hielt ich mir das Kissen vor das Gesicht.

Ich dachte, dass _____

_____

_____ .

Erzählen

1 Erweitere Öznurs Geschichte mit Sätzen zu den Sinnen so, dass man merkt, wie sehr sie sich fürchtet. Nutze S. 36.

Ich bekam _____

_____

Meine _____

_____

Zitternd _____

_____

Auf einmal traute ich _____

Es war nur meine Katze. Sie hatte in der Küche etwas umgeworfen.

Erleichtert sagte ich: „_____."

Erzählen

1 Jede gute Geschichte besteht aus mehreren Teilen.
Nummeriere in der richtigen Reihenfolge.

☐ **Hauptteil:**
- erzählt, was passiert
- Spannung und Höhepunkt
- Gespräche
- Sätze für die Sinne
- Gedanken
- längster Teil

☐ **Überschrift:**
- macht neugierig
- verrät nicht zu viel

☐ **Einleitung:**
- Wer? Wo? Wann? Was?
- kurz
- führt schnell zum Thema

☐ **Schluss:**
- gutes oder schlechtes Ende
- kurz

Erzählen

1 Ergänze in der Einleitung passende Wörter.

alleine   gemeinsam   leicht   alt   morsch   ganztägig   neu   quietschend   gut

Einleitung:

Letzte Woche machten wir einen _____ Schulausflug zur

_____ Burgruine. Wir frühstückten _____

und durften dann _____ das Gelände erkunden. Ich ging

zusammen mit meinen Freunden. Wir entdeckten eine _____

Falltür. Frau Braun hatte zwar gesagt, wir sollten nichts anfassen, aber

wir versuchten trotzdem, die _____ Tür zu öffnen.

Und tatsächlich ließ sie sich _____ bewegen.

1 Erweitere den Hauptteil. Achte auf die Symbole.

Hauptteil:

Wir sahen eine steile Steintreppe, die ins Dunkle führte. Vorsichtig schlichen wir hinunter. Ich ging zuerst. Je tiefer wir kamen, desto dunkler und unheimlicher wurde es. Ich blieb stehen und lauschte.

 Ich hörte _____

_____ .

„Hört ihr das auch?", flüsterte ich. „Ja!", kam es leise hinter mir aus der Dunkelheit.

 Leider _____

_____ .

Erzählen

1 Erweitere den Hauptteil. Achte auf die Symbole.

Hauptteil:

Ich tastete _____

_____ .

Ich fühlte _____

_____ .

Plötzlich fühlte ich etwas _____ .

Vor Schreck _____

_____ .

1 Erweitere den Hauptteil. Achte auf die Symbole.

Hauptteil:

Ich schrie laut und auch meine Freunde fingen an zu schreien. Ich dachte:

 _____

_____

_____,

Ohne zu überlegen, rannte ich los. Meine Freunde folgten mir.
Ich stolperte und fiel hin. Im Dunkeln fielen meine Freunde über meine Beine
und stürzten ebenfalls. Wir waren ein Knäuel aus Armen und Beinen und schrien
immer weiter.

Plötzlich traf uns der Strahl einer Taschenlampe.

Erzählen

1 Schreibe einen passenden Schluss. Nutze auch S. 46.

Schluss:

_____

_____

_____

_____

_____

_____

_____

_____

Erzählen

1 Formuliere drei mögliche Überschriften für die Geschichte.

Überschriften:

_____

_____

_____

_____

Nachschlagen

1 Was frisst Karla Koala am liebsten?

Seite 2:   Teekesselchen haben zwei __ __ __ __ __ __ __ __

Seite 6:   Das ist das Symbol für __ __ __ __ __ __

Seite 8:   Welcher Lieblingsplatz ist beschrieben? Omas __ __ __ __ __ __

Seite 18: Das wird beim Haiku gezählt. __ __ __ __

Seite 42: Hierauf sollst du achten. __ __ __ __ __

Seite 30: In dieser Zeitform steht der Bericht. __ __ __ __ __ __

Seite 31: In dieser Zeit sollst du schreiben. __ __ __ __ __ __ __ __

Seite 45: Den sollst du selber schreiben. __ __ __ __ __

Das esse ich am liebsten: __ __ __ __ __ __ __ __